Jutta Siemann-Albers

Liebe
einzigartig und für immer

Gedichte

**Bibliografische Information
Der Deutschen Bibliothek**

Die Deutsche Bibliothek verzeichnet diese Publikation in der
Deutschen Nationalbibliografie; detaillierte bibliografische
Daten sind im Internet über http://dnb.ddb.de abrufbar.

© 2005 Alle Rechte liegen bei der Autorin
Buchgestaltung: Nüsse Design, Hamburg
Herstellung und Verlag: Books on Demand GmbH,
Norderstedt
ISBN 3-8334-2889-9

Meinen Kindern und Enkelkindern

DEIN BILD

Ich seh´ Dein Gesicht
in mildem Licht
und präg´ es mir ein
wie ein Stempel
auf einem Papier.

Ist dieser verblaßt,
was schadet es mir?

Die Antwort schweigend nur –
so mein heiliger Schwur:

Ich trage Dein Bild,
Du mein Schutz und Schild,
nun und hinfort
in mir an jenem Ort
und es wir immer in mir sein
wie die allerfeinste Gravur
in einem kostbaren Schrein.

Die Gedichte im Überblick

Jutta Siemann-Albers, Hamburg
"Vase mit Sanddornzweig-Lilie und Kopf"
Aquarell, 1977 - 47x36 cm

METAMORPHOSE...
DU, MEIN HIMMEL

Seit ich Dich zum ersten Mal sah,
hat sich mein Sein gewandelt
wunderbar:
in allem nehm´ ich Dich wahr
in sich wandelnder Farbe,
in sich wandelnder Form.
In allem bist Du einzigartig.
In allem sprengst Du die Norm:
ob flüssig, ob gasförmig, ob fest, ob lose,
in allem begreif´ ich Dein SO-SEIN,
in allem bist Du mir,
so wie ich Dir
durch die einzig die Welt
verändernde Kraft,
die Wunder bewirkt,
die Wunder schafft –
gleich Raupe – Puppe – Schmetterling –
von Gott geschaffene,
von Gott gewollte
Metamorphose.

Juta Siemann-Albers, Hamburg
"Bei Teufelsbrück", Hamburg
Aquarell, 1977 - 48 x 36 cm

IN DER WINTERSONNE BEI TEUFELSBRÜCK

Noch einmal die Wintersonne
die Wellen, das Ufer, den Strand
golden und ganz überstrahlt.
Mein Alles Dein Sein:
Dein Gesicht, Dein Auge, diesen Glanz
gleichsam malt,
da ich Dich dort einst grüßend
nahm wahr
und Du, mein Himmel, mir
im Glanz der Wintersonne
so traumhaft nah.

Du

An der Elbe Strand
bei sinkender Sonne
im Abendglanz
weiß ich schon
bei Deiner Flöte
zartem, dann
anschwellend´ Ton:
Einzig Du bist´s
Du warst´s
Du wirst es sein,
mir Sonne,
mir Wonne,
goldner Abendglanz
voll und ganz –
Alles –
und in Ton
um Ton.

DAS ROT: DIE FARBE DER LIEBE

Du trägst bei Dir
einen Blumenstrauß.
Du wendest Deine Schritte
nah meinem Haus.
Du hast am Tag
träumend an mich
gedacht...
und weltweit hüllt ein
die Glaubenden und das Wir
das Rot dieser Nacht...

Tú llevas un ramo.
Tú vas a cerca mi casa.
Tu piensas, sueñas en mi
y todo el mundo
la roja pintura envuelve
aquarellos quienes creen
y "El Nosotros"
durante esta noche...

DER SINN DES EWIGEN SEINS

So Du jemals im Leben
Dein Sein wie im Schweben –
nenn es empfangend, nenn es zeugend –
Dich schenkend als Ganzes
träumend gegeben,
so weißt Du
wie ein Gott schaffend
um das EWIG-ZWEI-IN-EIN
und das IN-LIEBE-VERBUNDENSEIN.

BIS BALD

Seltsam nur, vor mir
im Sande wie verweht
Deine Spur...
Lass Dir sagen,
all das weiße Wolkenjagen
ist Antwort auf Dein Fragen,
und so Du nimmst wahr,
ein weites, weißes Flügelschwingen,
es ist für Dich mein Singen –

Und so Du siehst silbrig kleine Wellen
tanzen, springen,
sie einzig Dir, Du, mein Himmel,
mein Lachen bringen!

Und so gegen Abend ein kühler Wind
hüllt Dich ein,
ich bin´s, will Dir sagen,
bald werd´ ich bei Dir sein!

MEIN ZITRONENGELBER REGENSCHIRM

Sage nicht,
selbst wenn Du Zeit hättest,
Du würdest mich in
der Dunkelheit der Nacht
nicht finden –
Glaube mir, Dein Augenpaar würde ich
ausmachen –
und mein zitronengelber Regenschirm
dürfte Dir nicht allzulange
verborgen bleiben!

ANGENOMMEN

Angenommen, es regnet vom Himmel
lauter weiße Schleifen
und nur eine davon
einzig Deine Hand band,
ich würde sie finden,
die Du gebunden,
erahne, was Du wie ich gedacht,
da Du sie dort vor Ort
für mich hast hingebracht.

VOM REISEN UND AUF-DEM-WEG-SEIN

Ich bin noch nie
ganz alleine so weit
ge-fah-ren –
und weiß nicht, ob ich
dort jemals
un-be-scha-det an-komme.

Seltsam, aber mir ist,
in allem ich bin
auf dem Weg zu Dir, mein Himmel,
zu Dir...

-

DAS WUNDER UND ACH...

Ein Wunder ist geschehen!
Ich habe Dich, Du, mein Himmel,
in der Tat endlich
ge-se-hen!
Aug´ in Auge trinkt sich satt.
Auch ist´s ein Wortetauschen.
Mein Herz schlägt bis zum Hals...
Ich lausche Deiner Wort Fluß –
ein jedes, welch´ göttlicher Genuß!
Ich schau´ in Dein Gesicht´ -
und müßt´ ich sterben,
ich zaud´ re nicht...

Und im Haus in der Vase
früh-lings-haft lacht´s golden
von der Forsythie Strauch.
Wenn bald verblüht sie auch -

In jedem Falle:
es träumt uns noch der Gingko
in der licht-durchflutet´ Halle,
den kalt um-weht
ach,
des Winters Hauch.

AUF REZEPT... FRÜHLING UND...

Vergangene Nacht hab´ ich
träumend...
die einzig wahre Lösung
für mein Gleichgewicht
ge-fun-den.

Verschreibe Du, mein Himmel, mir
ein Rezept „Auf Wiederholung".

Und mit Dir in Hamburg
wird mitten im Winter –
Gleichgewicht –
ha, Frühling in mir sein!

Vom Leben im Treibhaus mit Schwimmbad

Sage einzig Du mir,
leben wir wirklich
wie in einem engen Treibhaus
aus Glas – transparent –
mit gerade ausreichender frischer Luft,
einem Schwimmbad mit lauwarmem Wasser,
sag, "temperiert – ohne Wogen"
und ohne einen einzigen kleinen Fisch?

"FRÜHLING IN JENISCHPARK", JUTTA SIEMANN-ALBERS, HAMBURG
AQUARELL, 1977; 48 x 36 CM Ausschnitt

ERKENNTNIS

Ich brauche die Parks
und die Schlösser dieser Welt
nicht mehr zu be-sich-ti-gen,
denn ich wan-de-le
Nacht für Nacht
einzig
in Deinem Garten...

DAS BLAU: DU, MEIN HIMMEL

Schon lang bevor das „Ich"
sich in Liebe geformt,
gebildet,
es verschmelzen bei Tag und Nacht
Gedanken und Träume zu Taten,
kommend und gehend wie Ebbe und Flut,
ein Geschenk des Entstehens,
ein Wachsen, ein Gedeihen,
ein reifend vollenden –
und es war und es ist gut –

Den Rhythmus des Lebens
auf sich drehendem Rund begreifend,
Einssein mit der Menschheit,
Teil des Ganzen,
ein suchend´ Finden,
ein In-Freude-Teilen,
und ach, ein Verweilen,
mal langsam, mal schwindelnd schnell –

Für die einen ein Karussell,
für die anderen ein „Angenommen-Es-Sei-Ein-Kreis..."

Auf jeden Fall: Das Leben als Dasein für das „Du"
gedacht, gemacht und vollbracht
mit aller Konsequenz gemalt,
bildhaft dargestellt in „Tendance Bleue",
von der Künstlerin Catherine Poirie.

DER GINKGO-BAUM

Wenn ich denn aber zum Spaten
greife, um für einen Ginkgo-Baum
einen sonnigen Ort in meinem
Reihenhausgarten zu markieren,
so komme einzig Du,
mein Himmel,
und pflanze ihn mit mir
in gute Erde ein!

UND SO GEHE DU MIT MIR...

Und so gehe ich denn diesen,
meinen Weg, von dem ich weiß...
und es taucht auf das Bild
von einem Esel, der mit
verbundenen Augen geht im Kreis,
ziehend um zu schöpfen
aus dem Brunnen
der nie versiegenden Quelle.
Und ein jeder, der ein einziges Mal
von diesem Wasser getrunken –
so wie einst das Du,
so wie einst das Ich,
der geglaubt...
der gehofft...
der geliebt...
weiß, daß es seit
Beginn der Menschheit
kein Ihm-Entrinnen gibt.
Und so gehe Du, mein Himmel,
mit mir und trinke
von dem ewigen Wasser,
nenn es die Liebe
und vergiss nicht,
ohne Ziehen geht es nicht ab,
ob es denn staubig,
ob es denn steinig,
ob es denn eisig kalt,
ob es denn glühend heiß!

IM ERWACHEN...

Vom Fenster her: es rauscht.
Es regnet auf Baum und Busch.
Es steigt der Pegel, der vom Fluß.

Ich besteige mein Boot.
Ich lichte den Anker.
Ich setze die Segel –
Träumdend Dir,
Du, mein Himmel,
im Regen entgegen,
nach Süden Du,
des Herzens Leben –

Der Regen ein Segen –
und ha, im Erwachen...

Es war wie ein Lachen.
Es war wie ein Husch!

IN MEINEM TRAUM: PRIMULA DENTORIA
==

IM FEBRUAR DER GARTEN TRÄGT [FEBRERO] [LLEVAR]
UM DIESE JAHRESZEIT [ESTA ESTACIÓN]
IM ALLGEMEINEN EIN WEISSES KLEID, [BLANCO VESTIDO]
[EN GENERAL]

ABER J U C H H U , IN MEINEM T R A U M
IST F R Ü H L I N G S H A F T
ER ANZUSCHAUEN! [PRIMAVERAL]
[BUSCH=MATA] [ÁRBOL]
AN BUSCH UND BAUM
BLATT UM BLATT [=HOJA]
SO WIE DER R A S E N = ER DAS GRÜN
BEVORZUGT HAT. [PREFERIR] [VERDE]
[DER RASEN = EL CÉSPED]

UND DORT FAST VERSTECKT, [CASI OCULTADO]
HAB' ICH VON WEITEM [LEJOS]
DIE BLÜTENPRACHT - [MAGNIFICENCIA]
DIE FORM, EIN B A L L - [PELOTA]
IN BLASSEM B L A U ENTDECKT. [AZUL]
[LACHEN=REIR] [BLÜTEN= STENGEL PEDUNCULO FLORAL]

HANDLANG IHR SCHLANKER STIEL ,-
UND AN IHREM GRUND [TU RISA]
IST'S WIE D E I N L A C H E N ,
IST'S EINZIG WIE D E I N M U N D :
[TU BOCA]
ES SCHLIESST SICH DICHT - [CERRAR]
WIE D E I N KLEINER FINGER LANG -
DER BLÄTTER HARMONISCH RUND.
[HARMÓNICO]

ERWACHEND IST MIR ALLES KLAR: [DIE PRIMEL=PRIMAVERA; PRIMULA]
H A , VON D I R , D U , M E I N HIMMEL, [MI CIELO]
IN M E I N E M G A R T E N [FINGERLANG=DE UN DEDO DE]
DIE P R I M U L A D E N T O R I A ! [LARGO]
DER TRAUM = EL SUEÑO || BLASS - PÁLIDO [4=2²→β²]
DER GARTEN = EL JARDÍN || DIE BLÜTE=LA FLOR
DEIN LACHENDER MUND=LA SONRISA DE TU BOCA !!!!

[Stichwort DU=TÚ]
[" Lich " DEIN = TU]
[(13. 2. 2004)]
[EINZIG = ÚNICO]
[DEIN MUNDE = TU BOCA]

PRIMULA DENTORIA

Im Februar der Garten trägt
um diese Jahreszeit
im allgemeinen ein weißes Kleid.

Aber Juchhu, in meinem Traum
ist frühlingshaft
er anzuschauen!

An Busch und Baum
Blatt um Blatt
so wie der Rasen - er das Grün
bevorzugt hat.

Und dort fast versteckt,
hab´ ich von weitem
die Blütenpracht –
die Form, ein Ball –
in blassem Blau entdeckt.

Handlang ihr schlanker Stiel,
und an ihrem Grund
ist´s wie Dein Lachen,
ist´s einzig wie Dein Mund:

Es schließt sich dicht –
wie Dein kleiner Finger lang –
der Blätter harmonisch´ Rund.

Erwachend ist mir alles klar:
ha, von Dir, Du, mein Himmel,
in meinem Garten
die Primula Dentoria!

PRUNUS DULCIS – DAS MANDELBÄUMCHEN

Könnt´ ich Dir, Du,
mein Himmel, zeigen
des Mandelbäumchens
zarte Blütenpracht
kämst Du auf
unsichtbaren Flügeln am Tag
und träumend auch
in blauer Nacht

DAS SEIL FÜR DEIN MANDELBÄUMCHEN

Und wenn Du in Deinem Garten
ein Mandelbäumchen pflanzt,
sage mir wenn es knospt,
sage mir, wenn es blüht,
sage mir, wenn es im Wind
mit den Bienen sich wiegt,
sage mir, wenn sein Stamm
nimmt zu an Ringen.

So will ich ihm von Mal zu Mal
zum Binden seinen schlanken Stamm
an einen festen Pfahl
ein neues Seil aus Hanf
einzig Dir,
Du, mein Himmel,
bringen!

VOM TEILEN UND VON DER ZEIT

So sicher glaubt sich
der eine und der andere-
man hört es an der Stimme Ton:
„Frühlingsanfang hatten wir schon!"
Und auf einmal über Nacht
hat der Raureif gezaubert
diese Pracht
auf sonst so dunklem Dache.

Gestern noch ich schaute
am Fuße der Skulptur
in einer Regenpfütze
oder sag, in einer Lache –
die halbe Frucht
mit dem Stein,
außen rot und stachelig, innen gelb,
süß und saftig, die einzig
Du probiert und
auf diese, Deine Art
mit mir geteilt.

Aber siehe,
warte nur!
Denn versilbert ist ringsum
in aller Frühe die Natur:

Noch nicht...

Ja, alles zu seiner Zeit!

FÜR DICH: WALDGRÄSER

Wo auch immer Du säest aus
diese Samen,
wisse,
es wachsen vorm Haus
Waldgräser
in meinem Garten.

AUF SYLT: ABTAUCHEN

Sieh nur, diese Wogen
mal hoch hinauf,
mal tief hinab!
Und mit mir und
um mich
hoch im Bogen,
mal tief wie ein Tal –
und immer wieder
und noch einmal
und es tragen die Wogen
mich auf und ab,
mal hoch,
mal hinab
oder sag, nieder!

Nun komm nur –
Ich weiß, Du
bist mir gewogen –
und tauch mit mir ab!

ZUR HOCHZEIT

Der Frühling schlingt so manches Band,
wo Blatt und Knospe sich entfalten,
der Mensch denkt und will gestalten.
Verstand und Herz gehen Hand in Hand.

So zahlreich wir versammelt sind,
zu sehen, was in Freud´ sich tut.
Laßt alle sein uns auf der Hut,
auf daß gesät nicht ward im Wind!

Gedeiht im Sommer grün die Frucht,
der Herbst schenkt Reife mit der Zeit...
Fahr ein, lieb Paar! Zur Ernt´ bereit!
Es find ein jeder was er sucht!

Wenn kahl der Baum und weiß sein Kleid
und Vogelsang und Freude rar,
es bleibt der Dank für das, was war.
Der Segen Gottes Euch geleit!

Erfüllt werd Euch der Traum:
Nur Liebe, Glück, Fröhlichkeit,
Gesundheit, Erfolg, Zufriedenheit,
Gedanken der Verbundenheit –
und Jahr um Jahr ein Ring am Baum!

SELTSAM

Seltsam,
obwohl ich allein
geh´ behutsam und sacht
unter den Lichterbäumen,
die strahlend die Straßen säumen,
ist mir –
wo auch immer Du bist
an diesem Abend,
in dieser Nacht:

Du wandelst mit mir
träumend
in blauer Nacht
unter des Himmels
milder Sternenpracht.

WINTERWÜNSCHE AUF FAST EINEM LÄNGENGRAD

Draußen herrscht
klirrende Kälte, eisiger Frost.
Ich seh´s an den Birkenzweigen:
Es pfeift der Ost,
nach Westen sie sich neigen.

Ein neuer Tag beginnt,
noch einmal schließ´ich die Augen
er-träu-me...

Oh Sonne, schein über das Dach
und grüße fernab Dich -
wie in Hamburg auch mich -
in einem Atemzug wach
Ach, Sonne, nicht säume!

Nun manch einer rat!
Ha, Du und ich , fast auf
einem Längengrad!

Vom Träumen in der Heiligen Nacht...

Wisse,
was Du geträumt
in der Heiligen Nacht,
wird in Erfüllung
gehen!

So Du, mein Himmel,
geträumt,
Du hast mich gesehen, –
ich träumt´ sogar,
Du bliebest stehen
und in einzig Deinen Augen
konnte ich sehen,
was Du, mein Himmel,
geträumt.

Sage nicht,
Träume sind Schäume!

WEIHNACHT: DAMALS –HEUTE – DAS DU UND...

Wie ein jeder weiß sehr wohl
für die ersten Christen
der Fisch
war das Zeichen, das Symbol,
da sie sich trafen
in den Katakomben.

Auch wenn die Zeiten sich ändern
und wir uns mit ihnen:
so die Zeichen der Zeit –
ob Quadrate, ob Rhomben, ob Herzen...
Auch für Dich und mich
ein Fisch, so Du ihn nimmst wahr,
bedeutet weit mehr
als die Frucht aus dem Meer...

Das Auge sei wachsam zu jeder Zeit,
denn das Herz sucht Wege –
für die einen ein schmaler Pfad
auf des Gebirges gefahrvollem Grat –
für die meisten wie ehedem
ist er bequem, sag, breit! –
Bald erfüllt ist die Zeit:
Weihnacht´ -
das Fest der Liebe weit über der Grenzen Land.
Sage nicht, so hab´ ich es mir nicht gedacht!
Es sehe Dein Auge, Dein Herz sei wach
und reiche irgendwann, dann...
dem Du, Deinem Nächsten, Deine Hand!

FÜR DICH: DIE KLEINE ROTE KERZE

Ach, könnte ich
zur Weihnacht Dir
diese kleine Kerze bringen –
ihr milder Schein, schlicht und fein,
mag Dir wie mir
lauter Freude, lauter Hoffnung
und silbern´ Engelsingen sein!

WEIHNACHTEN

Und es flattert zu Weihnacht
die Fülle von Wünschen und
Grüßen ins Haus,
Symbole der Freude, Symbole der Liebe.
Jubel breitet sich aus
mit Kindern, Enkeln,
Geschenken und Festtagsschmaus.

Es kehrt auch Stille ein
noch vor der Nacht mit
der Frage: Hast Du wirklich
auch alle in Liebe bedacht?

Und es tauchen die Ansichten
der Karten vor mir auf:
Das Kind in der Krippe mit
Maria und Josef in Bethlehems Stall –
musizierende Engel auf jeden Fall.

Und einer mit bloßen Schultern,
geschwungenen Flügeln im Jugendstil,
barfuß in langem Gewand -
schmückt den Christbaum mit
Lich-tern gar viel
so sacht mit zarter Hand.

Sein Haupt ist um-ge-ben vom
Glo-ri-en-schein ganz.
Und es erhebt sich die Frage,
hat auch Dich zur Weihnacht
berührt
der göttlich´ Schein, der himmlisch´ Glanz?

Und es flat-tert zur Weihnacht
die Fülle von Wünschen und Grüßen ins Haus...

SPANISCH ZUM JAHRESWECHSEL

Vela heißt die Kerze,
und Vela heißt auch das Segel.

Ich wünsche Dir zur Weihnacht
und zum neuen Jahr
allzeit eine frohe Fahrt
mit vollen Segeln und ein Licht,
das Dir leuchtet Tag und Nacht
oder wie der Seemann spricht:
„Bei Nacht und Nebel."
damit–
so es um Dich tost,
so es um Dich braust,
so die Wogen im Sturm
schlagen hoch wie ein Turm
und sich Deine klar denkende
Stirn in Falten legt
und Dein wellig´ Haar
sich kraust –
sicher
Du mit Mann und Maus
erreichest
Dein Ziel
und mit mir an Bord
Deinen Hafen...

FROHE WEIHNACHTEN – ¡FELIZ NAVIDAD!

Und wenn ich nichts
mehr habe
auf dieser Welt,
aber ich habe Dein Herz,
dann habe ich alles.

Jutta Siemann-Albers, Collage

WENN ICH DEINE ZEICHEN FIND´

Du, mein Himmel,
Du, mein Leben,
wenn ich Deine Zeichen find´,
strebt mein Alles Dir entgegen,
füllst Du mein Sein
mit Deinem Sinn.

DEIN ROTER FADEN

Auf meinem Weg zur
Volkshochschule
welch Glück, hurra,
da ich Deinen
roten Faden nahm wahr!
Nur Du, mein Himmel,
ahnst, wie gut
dieser Anblick
ach, mir tut!

Er ist endlos lang,
fantastisch elastisch
und stabil.
Ich weiß nicht das Warum,
ich weiß nur so viel:

Es ist der Faden,
mit dem ich von Anfang an,
seit ich Dich sah,
hab´ alles Stich um Stich
zu-sam-men-ge-fügt,
hab´ alles genäht.
Es ist wahr
und nun mir sonnenklar:

Ich atme,
Ich lebe,
Ich liebe!

Noch ist´s nicht zu spät.

GEFUNDEN: DEIN ZETTEL MIT...

Unterwegs fand ich
einen Zettel –
viele hundert Meilen
wohl entfernt von Dir.
Das Format: ein Quadrat
die Farbe wohl wie Rosen
oder meine Lippen –
wie eine jede sie hat.

Es sind sonderbare Punkte drauf
wie Blüten zuhauf.
Ha, er trägt Dein Initial
und seltsam, ein Fünf als Zahl!
Ja, sie ist´s
eine jeweils für ein Blütenblatt

Nun Herz und Auge
sieh dich satt!
Denn ich weiß,
eins nach dem an-de-ren heißt:
Er liebt mich
von Herzen
mit Schmerzen
über alle Maßen
kann es gar nicht lassen.

Und im Nu bist einzig Du –
über Mei-len
welch´ himmlisch´ Gedankeneilen
so wunderbar mir nah!

DEINE ANSICHTSKARTE MIT... UND...

Und wenn juchhe, im
weißen Winter, im Schnee,
eine grün-gelbe Ansichtskarte,
in der Mitte mit blauem Quadrat,
flattert ins Haus
und es sind auf der anderen Seite
zwei Briefmarken darauf:
eine blaue mit einem Stern aus südlichem Land
und eine, die Farbe ist komplementär und
sag, sie ist von hier!
Hurra, es ist wirklich wahr! –
dann kann die Karte nur sein,
ja, Du, mein Himmel, von Dir! –

Und in fünf Reihen stehen die
Bäume, ha und ah,
Flügel be-kom-men meine Träume
und vorne knorrig, doch frisch
juchheissa, juchhei,
stämmig stehen von der Olive gleich zwei!

Und in Gedanken im Nu
bin ich wunderbar nah dem Du!

DEIN KARTENGRUß UND...

Dein Kartengruß so fein
ist nun wirklich mein.
Ein jedes Wort, auch Dein Schriftbild
präg´ ich mir ein:
Die i-Punkte sind Grüße,
die Schlaufen Genüsse,
die Senkrechten sind Bäume,
die Oberlängen lauter Träume,
die Unterlängen sind mir Tiefe,
als ob das „Du" mich riefe, gleichsam Du
hast an mich ge-dacht!
Die Wortenden im Bogen mir sagen,
Du bist mir wohl ge-wogen. –
Der Inhalt, das Ganze, Du bist besorgt
um mich, wie ich so lang´ schon um Dich.

Und in mir lebt mehr als irgend etwas,
das jemals ge-schrie-ben:
Es lebt in mir ein Bild
und das und ach,
von Anfang an –
so und nicht anders –
ist es quicklebendig
in mir ge-blie-ben!

HOFFNUNG...

Ich habe Deine Kaulquappe
aus Papier am Straßenrand
ge-fun-den:
Sie ist Blau mit Rot.

Ich verstehe, was Du,
mein Himmel, mir willst
sagen:
Eine quicklebendige Kaulquappe
ist weit mehr denn ein
Hecht am Angelhaken
oder im Netz –
Du hast Recht!

So laß uns denn in den
uns verbleibenden Abendstunden
weiterhin
hoffnungsvoll
Kaulquappen sein!

GEFUNDEN: DER STEIN AUS DEINEM VULKAN

Ich hab´ den roten Stein
aus Deinem Vulkan
gefunden.

Nun weiß ich, wie Du
mit Sorgfalt und Kraft
Nacht für Nacht an mich denkend
hast verbracht.

Mühsam, in Stunden,
hast einzig Du, mein Himmel,
mit Deinem,
mit feinem Werkzeug
ihn in diese handlich´ Form
in exakt dieses Format –

ha, für mich ein Quadrat –
gebracht!

Und ich erahn´, was Du empfunden...

Abends im Gymnasium Hochrad: Dein Handschuh

Zwischen Grünlilien
auf einer Konsole
ich dort Deinen schwarz-wollenen
Fingerhandschuh fand,
Deinen linken.

Bei seinem Anblick ist´s mir
wie von Dir von Fern ein Winken,
aber da ich ihn halte,
ist´s, Du reichtest mir Deine Hand...

Ich schau Dein hold´ Gesicht...
und in Mondesnächten lang
vernehme träumend ich
Deiner Stimme ach,
so wohlig´ Klang...

ICH KANN NICHT MEHR...

Für Dich, Du, mein Himmel,
ohne den ich nicht leben kann!
Ich habe alles versucht,
gegen meine Empfindungen
an-zu-gehen.
Ich hab es nicht geschafft.

Ich habe nicht geahnt,
daß die Kraft der Liebe
zu Dir zu stark ist.

Ich kann nicht mehr...

SAGE NICHT

Sage nicht,
dieser Tag ist grau!
Allein bei dem Gedanken an Dich
erhellt sich mein Tag
mit Sonne, mit Wonne,
mit Farbe,
mit Licht.
Einzig Du weißt das genau.
Nun komme,
was da mag!

AUSBLICK

Und wenn ich
nicht mehr die Kraft habe,
Dich mir farbig vorzustellen,
dann höre ich auf,
ICH zu sein.